Giovanni Kohm

Tanz des Lebens

Tanz des Lebens

Giovanni Kohm

S. Hirzel

Die Deutsche Bibliothek – CIP-Einheitsaufnahme

Kohm, Giovanni:
Tanz des Lebens / Giovanni Kohm. – Stuttgart: Hirzel, 1993
ISBN 3-7776-0523-9

Printed in Germany
Reproduktionen: VSO, Merk + Steitz, Villingen-Schwenningen
Druck: Straub Druck GmbH, Schramberg

Vorwort

„Das muß man doch mal festhalten und publizieren, bevor sich die Blätter in alle Himmelsrichtungen verflüchtigen!"

Dieser spontane Ausruf von Gerda Gaedcke war der letzte Anstoß, mein lange geplantes Buchprojekt endlich in die Tat umzusetzen.

Sie schaffte es in enger Zusammenarbeit mit dem kunstinteressierten Verleger Dr. Christian Rotta, dessen Fachmann Wilhelm Studer, dem Photographen Peter Bild, dem Lithographen Ewald Merk und der Kunstdruckerei Straub das in ein Buch zu verwandeln, was ich in den letzten 25 Jahren zu Papier bzw. auf die Leinwand gebracht habe.

Die Aquarelle, Skizzen und Zeichnungen konnten so nur entstehen, weil mir viele Ballettfachleute über Jahre hinweg großzügig Einblick in die professionelle Trainings- und Probenarbeit des klassischen und modernen Balletts gewährten.

Ihnen allen gilt mein Dank!

Besonders erwähnen darf ich Gisela Ronecker, Ballettfachschule Ronecker & Beyer, die Ballettmeister des Stuttgarter Balletts und alle Tänzerinnen und Tänzer dieser wunderbaren Compagnie unter Leitung von Marcia Haydée.

Wichtige künstlerische Anregungen verdanke ich auch Thorsten Kreissig, Direktor des Luzerner Balletts, dessen Stücke »Insects« und »Der Zauberlehrling« ich als Inspizient mitgestalten durfte.

Immer wenn ich Impressionen einer Aufführung im Atelier nachstellen wollte, um sie genauer erfassen zu können, standen geduldig Modell: Anne-Suse, Britta, Claudia, Nicole, Teresa, Frank, Christian und Wolfgang.

Dem Insel Verlag, dem Suhrkamp Verlag und dem Verlag Klaus Wagenbach sei Dank für die Abdruckrechte.

»Herbst«
Birgit Keil
Benito Marcelino

Blätter aus dem Skizzen Block

Ballett
Meditation
Tagebuch
Poesie

Darf ich da mal reinschauen ?

in Ihren Skizzenblock

17/6/90

Alex
The Earth always

der Wolfgang Stollwitzer
Für Giovanni
von

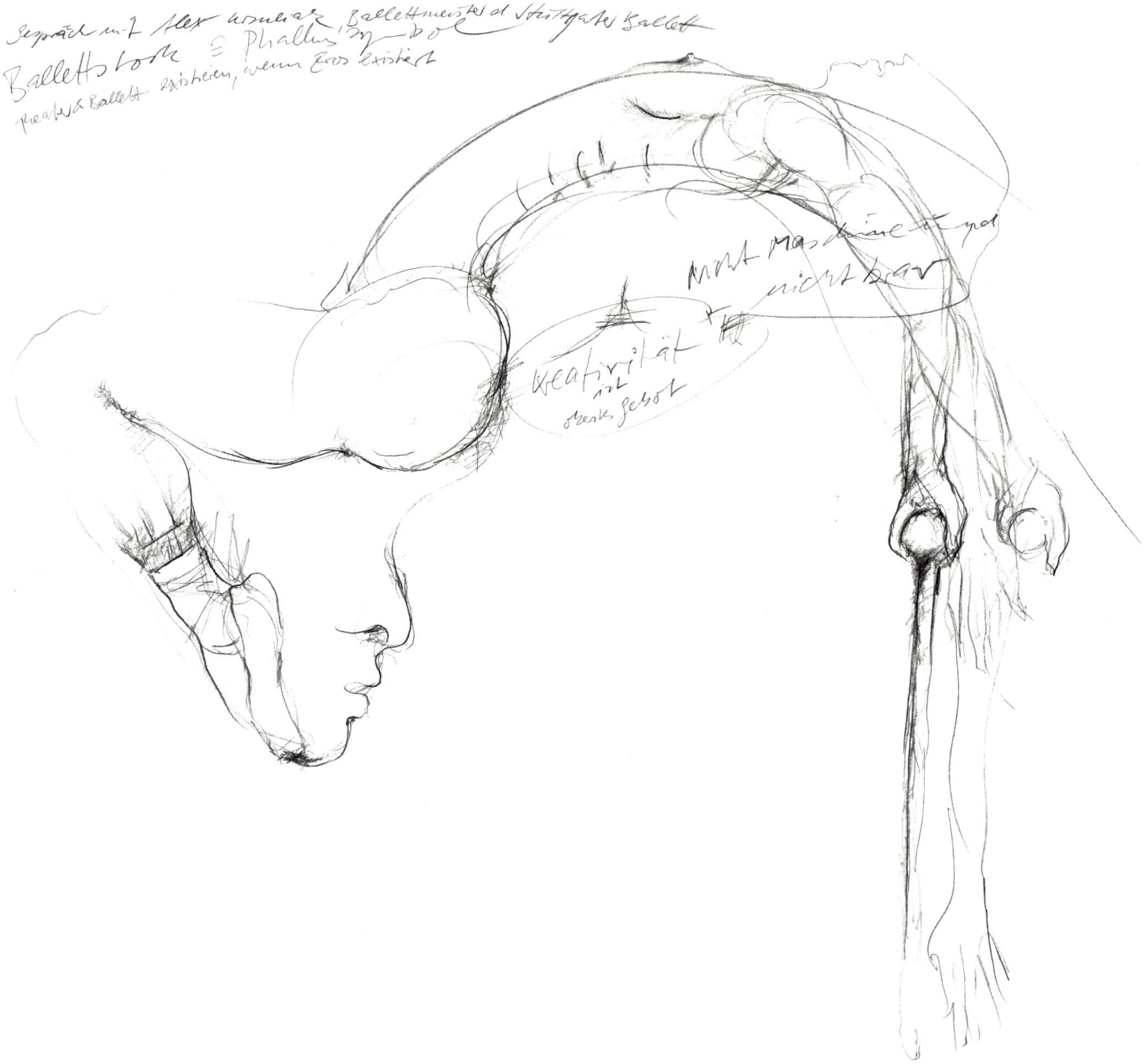
Gespräch mit Alex Ursuliak Ballettmeister d. Stuttgarter Ballett
Ballettstock ≘ Phallussymbol
kreatives Ballett existieren, wenn Eros existiert
nicht Maschine
nicht brav
Kreativität ist oberstes Gebot

Stuttgarter Ballett
Training bei
Egon Madsen

Giovanni Kohm

Exposition

DESSINS-AQUARELLES-PEINTURES

Mairie du 3e 2, Rue Eugène Spuller 75003 Paris. Metro: République, Arts-et-Métiers
du 28 septembre au 7 octobre 1988 tlj de 12 à 18 heures

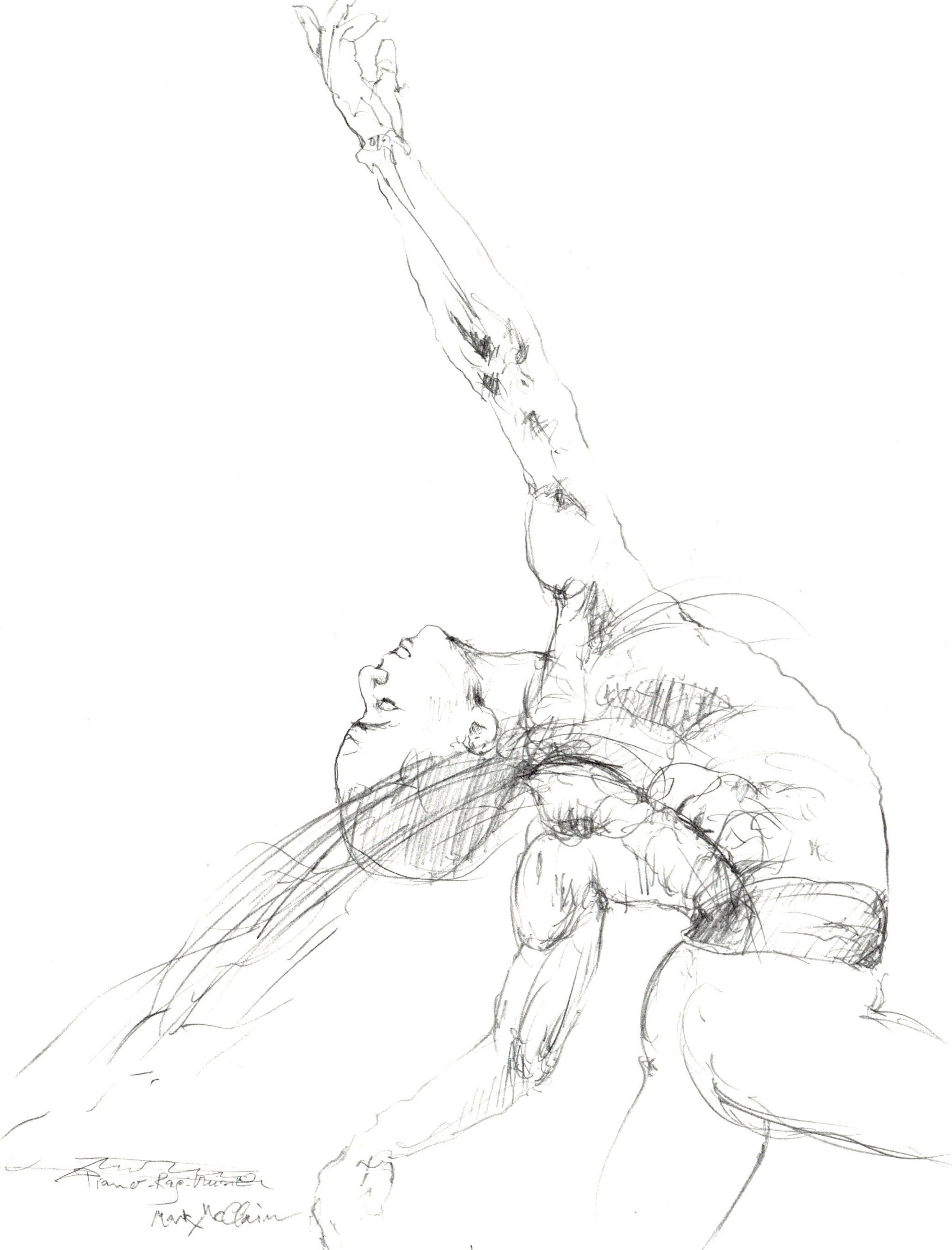

For Giovanni: Thanx loads, love Mark

Die Handzeichnung

eine archaische Kunstform

oder: weniger ist mehr

Tagebuch

Für mich stellt die Handzeichnung nicht nur von der einfachen Technik, sondern auch vom kunst- und kulturphilosophischen Ansatz her einen bewußten Gegenpol zum immer komplizierter werdenden Ablauf unseres modernen Lebens dar.

Arbeitsteilung, Elektronik statt Mechanik, eine Flut von Innovationen und Spezialisierung bereits in der Schule; all dies sind Faktoren, die dazu führen, daß uns die geniale Vogelperspektive mehr und mehr verlorengeht und daß wir uns in tausend Schmalspurlabyrinthen verirren.

„High-tech" verlangt eben Spezialistentum und führt dazu, daß der einzelne seinen beruflichen Sektor zwar beherrscht, um ihn herum jedoch immer mehr undurchschaubar wird.

Da tut es gut, in der Kunst etwas ganz Einfaches wiederzuentdecken!

Bei der Zeichnung werden keine künstlichen Barrieren aufgebaut, und keine Technik versperrt den Zugang zur Deutung, zum Verständnis.

Dieser Verzicht von Barrieren, hinter denen sich der Insider so gerne versteckt, bedeutet natürlich auch Verletzlichkeit – aber genau das ist gewollt.

Nur wer selbst abrüstet, einfach wird und bewußt auf technische Raffinesse verzichtet, kann erhoffen, daß auch der andere, der Betrachter, seinen gesamten Kulturballast abwirft und unbefangen und offen an ein Kunstwerk herangeht – womit sich dann der Kreis schließt.

Es ist verrückt, aber wahr: für beide Seiten (Künstler und Kunstfreund) ist es reizvoll, zu erkunden, wie sich Lebenssituationen am Ende des 20. Jahrhunderts mit einer jahrtausendealten Technik beschreiben lassen.

Das ist offenbar auch der Grund dafür, daß die Zeichnung – nach einem Jahrzehnt heftiger Malerei der Neuen Wilden – bei Kennern zunehmend an Bedeutung gewinnt.

So gesehen ist die Handzeichnung auch eine moderne Kunstform.

Schwarzweiß oder farbig

Tagebuch

Heute abend gab es wieder einmal mit Atelierbesuchern eine heiße Diskussion über den Stellenwert von schwarzweiß und farbig, d.h. Bleistiftzeichnung – Aquarell, Gemälde. „Was lieben Sie mehr?" Gute Frage, wenn ich das selbst nur wüßte! Einer meinte: „Zu dumm, da sieht man die farbigen Ölgemälde und die leuchtenden Aquarelle, zieht die farbige Schublade auf und der Giovanni sitzt schon wieder in der Schwarzweiß-Kiste." Ich liebe halt beides!

Ja ich kann mich am satten, sinnlichen Graphit-Strich begeistern, liebe aber auch die Farben und kann das abgedroschene Wort von der Reizüberflutung des heutigen Menschen durch Palcolor, Neonreklame und bunte Bildermagazine schon bald nicht mehr hören. Nicht die Farben, nicht der Spaziergang durch ein grellgelbes Rapsfeld oder eine tiefgrüne Wiese unter knallblauem Himmel führen zur Abstumpfung, sondern der schnelle Wechsel und das Farbenbombardement.

Das macht fertig!

davor
und
dahinter

Und da ist es dann in der Tat eine Wohltat, die reine Bleistiftzeichnung in ihrer archaischen Einfachheit zu sehen.
Kein Blau, kein Rot, kein grün oder gelb lenken den Blick von der schwarzen Linie ab.

Die bewußte Reduzierung der künstlerischen Mittel auf das unbedingt Notwendige (ein Bleistift und ein Blatt Papier) »verstärken beim Betrachter noch den Eindruck, daß hier einer mit den aller-einfachsten Mitteln eine Situation reflektiert und festgehalten hat. Er kann durch die Spontaneität und Ursprünglichkeit der Skizze ganz unmittelbar am kreativen Prozeß teilhaben und ihn nachvollziehen.«

Das ist interessant und spannend
und
macht
neugierig.

»Darf ich da mal reinschauen?« lautet dann auch folgerichtig die Frage vieler Atelier-besucher, wenn sie irgendwo in der Ecke zwischen Zeichenpapier, Druckplatten, Farbstiften und anderen Utensilien
einen
Skizzenblock
liegen
sehen.

Tagebuchblätter: 23⁰⁰ h
3.4.89 Ich sitze im Meditationsraum des
Klosters Neresheim – allein; die Teilnehmer
am Zen-Meditationskurs hüten das Bett.
Morgen 6⁰⁰ h raus, Schweigen – die Stimmbänder
haben Urlaub.
Ich muß dringend wieder einmal
meine Gedanken ordnen!
Im Tanz des Lebens
immer wieder einmal
zur Ruhe
kommen
Alles hat seine Zeit
und
jedes Ding seine Stunde
(Prediger Salomon)

Tanz des Lebens

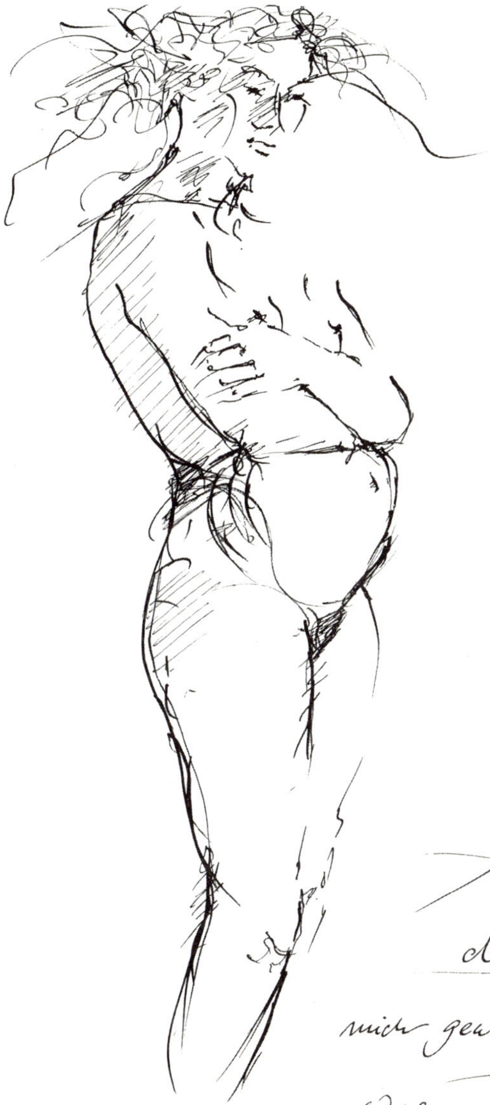

Tagebuchblätter 4. April 89

Zen-Meditationskurs im Kloster Neresheim

Herr Du kennst mich,
Du kennst mein Herz,
Bei Dir bin ich geborgen,
denn Du hast mein
Inneres geschaffen,
mich gewoben im Schoß meiner Mutter

(Welch wunderbares Bild! Psalm 139)

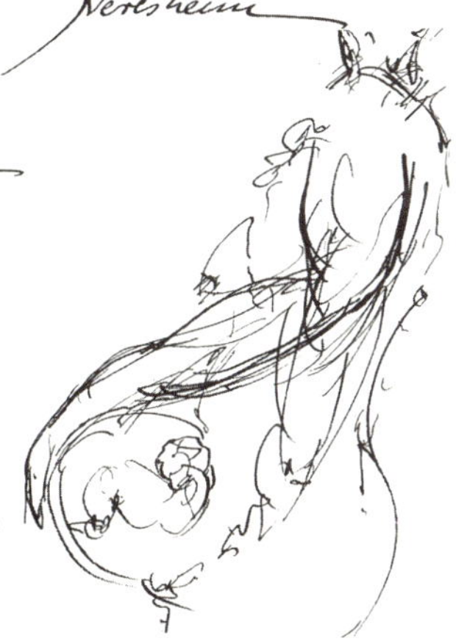

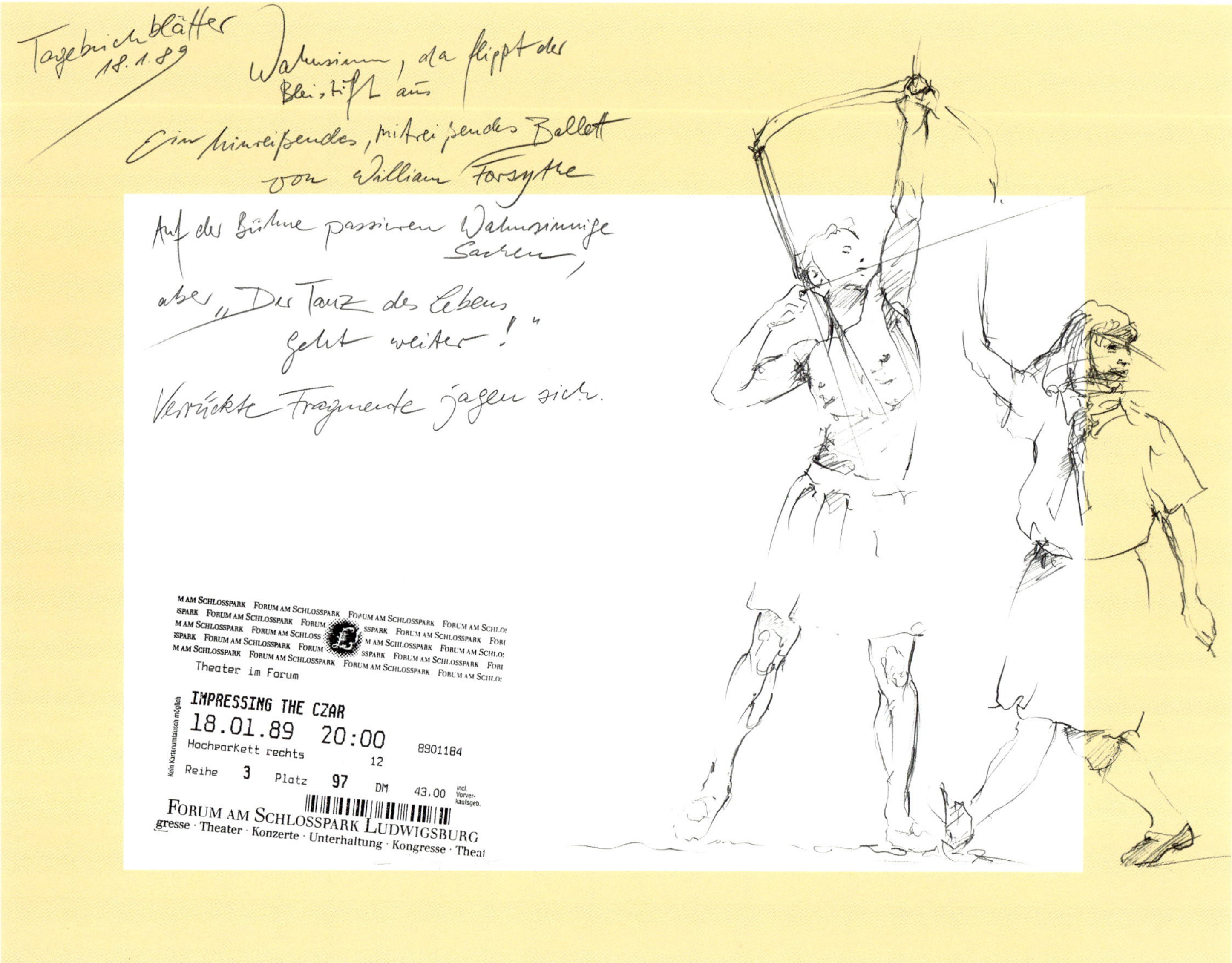
Tagebuchblätter 18.1.89
Wahnsinn, da flippt der Bleistift aus
Ein hinreißendes, mitreißendes Ballett von William Forsythe
Auf der Bühne passieren Wahnsinnige Sachen,
aber „Der Tanz des Lebens geht weiter!“
Verrückte Fragmente jagen sich.
Theater im Forum
Kein Kartenumtausch möglich
IMPRESSING THE CZAR
18.01.89 20:00
Hochparkett rechts
12
8901184
Reihe 3 Platz 97 DM 43.00 incl. Vorverkaufsgeb.
FORUM AM SCHLOSSPARK LUDWIGSBURG
gresse · Theater · Konzerte · Unterhaltung · Kongresse · Theat

Tagebuchblätter 3/12/90
Staatstheater Stuttgart
Ballettsaal

Wahnsinn
Ballett ist doch
immer wieder
ein multinationales
Festival der Sinnlichkeit.

Ich
habe
mir
meinen alten Platz
am Fenster neben dem
Pianisten ausgesucht.
die Sonne brennt
mir
auf
den
Pelz.

Vor mir Cosmopolitisches: Amerikanerin neben Französin; Japanerin, Koreanerin, Brasilianerin; Deutscher, Österreicher, Schweizer, Holländer, Amerikaner, Italiener, Franzose, Türke…
in der Pause umfängt mich ein
wohltuendes internationales
Sprachengewirr.
Wenn ich das höre
und
sehe
bekomme ich gleich
gute
Laune.

Per Giovanni
Thanks alot for
the portrait that looks
better than I!!! Mark

Tanz des Lebens

Für Giovanni
mit Besten Wünschen
Für Giovanni
herzlichst
opus 1
R. Cragun / B. Keil

Marcia Haydée

Schwanensee
Birgit Keil
Wolfgang Stollwitzer

Hanke
Cocteau „Die Dame und das Einhorn"
München

Sabrina Lenzi
6/12/91
Nikolaus im Stuttgarter Ballett
Exercise mit George Bailey
Kompositor
er hat „Weihnachtsnoten"
mitgebracht
die Compagnie
lacht sich
weg!

Jetzt bitte nicht!

Opus 1
Richard Cragun

Voluntaries
87
Beatriz

Tänzerin

Moonlight paintings

Tagebuch

Heute nacht ist etwas ganz merkwürdiges geschehen.

Ich saß mit einem guten Tropfen im Glas auf der Terrasse und schaute auf das vom Vollmond fahl beleuchtete Dorf gegenüber. Die Hitze des Tages hatte sich gelegt und war einer angenehmen Kühle gewichen, die Zikaden hatten ihr ohrenbetäubendes Konzert eingestellt, und so herrschte Ruhe bis auf ab und zu einen metallenen Klang, gefolgt von Stimmengewirr und Gelächter. Boccia wird im Sommer die halbe Nacht gespielt.

Ich holte mir einen Aquarellblock und fing an, diese Stimmung mit einer Handvoll Farbstifte einzufangen. Unbewußt wechselte ich nach jedem größeren Strich aus einer Laune heraus den Stift. Durch das fahle Mondlicht sah ich zwar, was auf dem Blatt entstand – die Farbe konnte ich jedoch nicht erkennen.
Wie im Rausch war das Bild fertig.

Ich holte mir einen neuen Stapel Blöcke, weiter ging es. Als alle Zeichnungen fertig waren, kolorierte ich in großen Zügen bei knapper werdendem Mondlicht und wiederum ohne auf die Farben zu achten. Dann ließ ich alles liegen und stehen und ging zu Bett.

Am nächsten Morgen war die Überraschung perfekt. Völlig verrückte Farben standen im hellen Sonnenlicht nebeneinander, wie ich sie bewußt so nie im Leben gemalt hätte. Jahrelanger Kunstunterricht, Farbenlehre und -komposition waren über den Haufen geworfen.

Unsere herbeigerufene Nachbarin Mirja (eine finnische Künstlerin) rief entzückt:
»Giovanni, your moonlight paintings is the best, you ever did«

Später habe ich diese Zufallstechnik auf das Ballettzeichnen übertragen, z.T. kombiniert mit anderen künstlerischen Techniken.
Die stark farbigen Polychromosstriche springen jedoch bei allen Arbeiten ins Auge.

Der spontan geprägte Begriff
moonlight paintings"
hat
sich
gehalten.

Tänzerin
87

Nicoletta
5. 11. Tänzerin
87

Konzentration

Alex
8/9 Stuttgart
Ballett

Tanz des Lebens

Tanz des
Lebens

Wollust

Nichts als strömen, nichts als brennen,
Blindlings in das Feuer rennen,
Hingerissen, hingegeben
Der unendlichen Flamme: Leben!

Plötzlich aber, bang durchzittert,
Sehnt aus dem unendlichen Glück
Angstvoll sich das Herz zurück,
Das den Tod im Lieben wittert ...

Hermann Hesse

Tanz des

»Blue light«
Hommage à Koegler
Ballett der Deutschen Oper a/Rhein
im Aalto, Essen

Durcheinander

Sich lieben
in einer Zeit
in der Menschen einander töten
mit immer besseren Waffen
und einander verhungern lassen
Und wissen
daß man wenig dagegen tun kann
und versuchen
nicht stumpf zu werden
Und doch
sich lieben

Sich lieben
und einander verhungern lassen
Sich lieben und wissen
daß man wenig dagegen tun kann
Sich lieben
und versuchen nicht stumpf zu werden
Sich lieben
und mit der Zeit
einander töten
Und doch sich lieben
mit immer besseren Waffen

Erich Fried

ballo con diavolo

Schwanensee

Keine Rast

Seele, banger Vogel du,
Immer wieder mußt du fragen:
Wann nach so viel wilden Tagen
Kommt der Friede, kommt die Ruh?

O ich weiß: kaum haben wir
Unterm Boden stille Tage,
Wird vor neuer Sehnsucht dir
Jeder liebe Tag zur Plage.

Und du wirst, geborgen kaum,
Dich um neue Leiden mühen
Und voll Ungeduld den Raum
Als der jüngste Stern durchglühen.

Hermann Hesse

Tanz des Lebens
Ballett

Glück im Tanz des Lebens

Tagebüch 15.7.90

Wann eigentlich ist man glücklich?
Das ist es eben, man kann es nicht voraussagen und schlecht definieren. Heute ist mein Geburtstag, Barbara sitzt im Schatten und zeichnet an einem Cartoon, Katharina spielt in ihrem Baumhaus. Frisches Brot, Tomaten, Basilikum, Vino und es ist schön warm.
Tennessee Williams: „Glück bedeutet Gelassenheit".
Der dicke Ölbaum, unter dem ich sitze, strahlt wirklich Gelassenheit aus. Die Zikaden zirpen wie toll, es düftet betörend nach Salbei, Rosmarin und wildem Thymian:

„Ich wollt', ich wär' ein roter Wein
Und flösse süß durch deinen Mund
Und ganz und gar in dich hinein
Und machte dich und mich gesund."
H. Hesse

Wie gut, daß ich mein Malzeug im Rucksack habe. Wasser fehlt – ach was, ich tauche den Pinsel in Chianti classico. Das gibt ein herrliches Rot!
Jollia

Liebeslied

Ich wollt', ich wär ein roter Wein
Und flösse süß durch deinen Mund
Und ganz und gar in dich hinein
und machte dich und mich gesund.

H. Hesse

Renato Zanella
L'Estro armonico

Othello

29/1/85
Othello
Desdemona

90 Tanz des
Lebens

Ich lebe mein Leben in wachsenden Ringen,
die sich über die Dinge ziehn.
Ich werde den letzten vielleicht nicht vollbringen,
aber versuchen will ich ihn.

Ich kreise um Gott, um den uralten Turm,
und ich kreise jahrtausendelang;
und ich weiß noch nicht: bin ich ein Falke, ein Sturm
oder ein großer Gesang.

Rainer Maria Rilke

tanzende Kreise

Balla, Latin Lover

Orvieto, ich sitze heute abend mit Skizzenblock und Tagebuch in einer kleinen trattoria am Duomo. Den Nachmittag habe ich in den grauen, mittelalterlichen Gassen der Altstadt verbracht, die Fassade des Doms gezeichnet, die Figuren des Weltgerichts skizziert. Jetzt geht es mir nach gnocchi und coniglio und bei einem vino nobile di Montepulciano 1987 gut.

Am Nachbartisch läuft ein Film ab, bei dem sich ein in die Jahre gekommener "gallo" als Latin Lover versucht. Passend dazu (sie hat mich zu diesem Text angeregt) lief gerade im Radio Gianna Nannini. Ich habe den Text nicht komplett mitbekommen, aber auch die Bruchstücke sind gut:

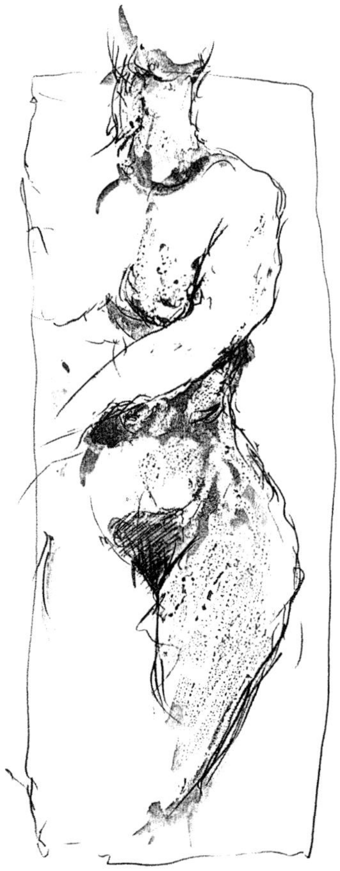

Heißes Blut, parfümierte Aufschneiderluft
Médaillons unterm T-shirt
jede Nacht wechselst du deinen Stil,
dein Gesicht Latin Lover

Zigaretten, hastig geraucht
die Augen stöbern in den Décolletés
bleib bei deinen Tricks am Rande der Nacht
bleib bei deinen verkorksten Geschichten
am Rande der Nacht

Kräftig trinken und Karten legen,
um zu sehen, was es nicht gibt
immer wieder wechselst du den Stil,
die Diät, dein Gefühl Latin Lover

Jenny ist außer sich, heute abend
begreift nicht, warum du so bist
trinkt
redet nicht vom Krieg,
sie will gleich feeling
aber du hast keine Lust,
hast keine Lust auf dieses Lied
Latin Lover

Narrentanz

Was Prügel sind, das weiß man schon; was aber die Liebe ist, das hat noch keiner herausgebracht. Einige Naturphilosophen haben behauptet, es sei eine Art Elektrizität. Das ist möglich; denn im Momente des Verliebens ist uns zu Mute, als habe ein elektrischer Strahl aus dem Auge der Geliebten plötzlich in unser Herz eingeschlagen. Ach! diese Blitze sind die verderblichsten, und wer gegen diese einen Ableiter erfindet, den will ich höher achten als Franklin. Gäbe es doch kleine Blitzableiter, die man auf dem Herzen tragen könnte, und woran eine Wetterstange wäre, die das schreckliche Feuer anderswohin zu leiten vermöchte. Ich fürchte aber, dem kleinen Amor kann man seine Pfeile nicht so leicht rauben, wie dem Jupiter seinen Blitz und den Tyrannen ihr Zepter. Außerdem wirkt nicht jede Liebe blitzartig; manchmal lauert sie, wie eine Schlange unter Rosen, und erspäht die erste Herzenslücke, um hineinzuschlüpfen; manchmal ist es nur ein Wort, ein Blick, die Erzählung einer unscheinbaren Handlung, was wie ein lichtes Samenkorn in unser Herz fällt, eine ganze Winterzeit ruhig darin liegt, bis der Frühling kommt, und das kleine Samenkorn aufschießt zu einer flammenden Blume, deren Duft den Kopf betäubt. Dieselbe Sonne, die im Nildelta Ägyptens Krokodilleneier ausbrütet, kann zugleich zu Potsdam an der Havel die Liebessaat in einem jungen Herzen zur Vollreife bringen – dann gibt es Tränen in Ägypten und Potsdam. Aber Tränen sind noch lange keine Erklärungen – Was ist die Liebe? Hat keiner ihr Wesen ergründet? Hat keiner das Rätsel gelöst? Vielleicht bringt solche Lösung größere Qual als das Rätsel selbst, und das Herz erschrickt und erstarrt darob, wie beim Anblick der Medusa. Schlangen ringeln sich um das schreckliche Wort, das dieses Rätsel auflöst – O, ich will dieses Auflösungswort niemals wissen, das brennende Elend in meinem Herzen ist mir immer noch lieber als kalte Erstarrung. O, sprecht es nicht aus, Ihr gestorbenen Gestalten, die Ihr schmerzlos wie Stein, aber auch gefühllos wie Stein durch die Rosengärten dieser Welt wandelt, und mit bleichen Lippen auf den törichten Gesellen herablächelt, der den Duft der Rosen preist und über Dornen klagt.

Wenn ich Dir aber, lieber Leser, nicht zu sagen vermag, was die Liebe eigentlich ist, so könnte ich Dir doch ganz ausführlich erzählen, wie man sich gebärdet und wie einem zu Mut ist, wenn man sich auf den Apenninen verliebt hat. Man gebärdet sich nämlich wie ein Narr, man tanzt über Hügel und Felsen und glaubt, die ganze Welt tanze mit. Zu Mute ist einem dabei, als sei die Welt erst heute erschaffen worden, und man sei der erste Mensch. »Ach, wie schön ist das alles!« jauchzte ich, als ich Francescas Wohnung verlassen hatte. »Wie schön und kostbar ist diese neue Welt!« Es war mir, als müßte ich allen Pflanzen und Tieren einen Namen geben, und ich benannte alles nach seiner inneren Natur und nach meinem eigenen Gefühl, das mit den Außendingen so wunderbar verschmolz. Meine Brust war eine Quelle von Offenbarung, und ich verstand alle Formen und Gestaltungen, den Duft der Pflanzen, den Gesang der Vögel, das Pfeifen des Windes und das Rauschen der Wasserfälle. Manchmal hörte ich auch die göttliche Stimme: »Adam, wo bist du?« »Hier bin ich, Francesca«, rief ich dann, »ich bete dich an, denn ich weiß ganz gewiß, du hast Sonne, Mond und Sterne erschaffen und die Erde mit allen ihren Kreaturen!« Dann kicherte es aus den Myrtenbüschen, und heimlich seufzte ich in mich hinein: »O süße Torheit, verlaß mich nicht!«
Späterhin, als die Dämmerungszeit herankam, begann erst recht die verrückte Seligkeit der Liebe. Die Bäume auf den Bergen tanzten nicht mehr einzeln, sondern die Berge selbst tanzten mit schweren Häuptern, die von der scheinenden Sonne so rot bestrahlt wurden, als hätten sie sich mit ihren eigenen Weintrauben berauscht. Unten der Bach schoß hastiger von dannen, und rauschte angstvoll, als fürchte er, die entzückt taumelnden Berge würden zu Boden stürzen. Dabei wetterleuchtete es so lieblich, wie lichte Küsse.

Heinrich Heine

völlig außer sich

H. Hesse
Piktors
Verwandlungen

Piktors
Verwandlungen

»Piktors Verwandlungen«, ein Märchen, das mich seit fast drei Jahrzehnten künstlerisch und philosophisch beschäftigt. 1964 hatte ich den Text das erste Mal gelesen und zwei Jahre später in einem großen Ölgemälde interpretiert. Ich habe dieses Gemälde im Laufe der Jahre immer wieder einmal überarbeitet, Teile weggeschliffen, neu gemalt, verflucht, wieder angefangen – es ist immer noch nicht fertig! Da wird bereits eine Parallele zur Dichtung Hermann Hesses deutlich. Auch er hat seine Arbeit, seinen Text über Jahrzehnte nicht endgültig fertiggestellt. Über 30 Jahre lang hat er dieses Märchen in keines seiner Bücher aufgenommen.

Es gab nur wenige handgeschriebene und von ihm persönlich mit feinen Aquarellen illustrierte Exemplare, die alle ein wenig anders waren. Im Jahre 1954 erschien eine Faksimile-Ausgabe, die mir 10 Jahre später in die Hände geriet.
Ich begriff damals den Piktor-Baum gleich als Symbol für unsere Sehnsucht, in all der täglichen Hektik einmal anzuhalten, festen Boden unter den Füßen zu bekommen, bei sich selbst zu sein, ja es bei sich selbst auszuhalten.

Piktor, der Maler, der Künstler, versucht das Vergängliche festzuhalten, bevor das sich unentwegt Verwandelnde seine nächste Metamorphose vollzogen hat. Er wünscht sich, Baum zu sein, weil Bäume so voll Ruhe, Kraft und Würde sind. Er wird Baum und fühlt sich dabei zufrieden. Tief sind seine Wurzeln, hoch ragt seine Krone in den Himmel. Diese beiden Triebe »Geotrop und Heliotrop« sind ein schönes Bild für unser menschliches Streben nach fester Verankerung auf dem Boden der Tatsachen und dem gleichzeitigen Wunsch, den Geist, unser Herz – wer gläubig ist, sagt die Seele – nach oben, nach Höherem, auszurichten.

Jahre müssen vergehen, bis Piktor wahrzunehmen beginnt, daß sich alle Wesen im Paradies verwandeln, während er sich selbst nicht mehr vom Fleck gerührt hat. Er merkt nun, daß der Rat der Schlange, sich etwas Bleibendes, Unveränderliches, Sicheres zu wünschen, teuflisch war. Wer den Blick nur auf sich selbst richtet, verliert unweigerlich die ganze Fülle des Lebens aus den Augen. Und von dem Augenblick an, als er erkennt, daß ihm jede Entwicklungs- und Wandlungsmöglichkeit verlorengegangen ist, beginnt er zu altern.

H. Hesse
Piktors Verwandlungen
Zypresse Marke

Auch heute gilt, daß derjenige das Wagnis des Lebens nicht besteht, der sich einmauert, halsstarrig auf seiner Meinung beharrt und der keinen Blick für die Bipolarität unseres Daseins hat. Hermann Hesse ruft uns jahrtausende alte Erkenntnisse der Menschheit wieder ins Gedächtnis. Er zeigt uns die wunderbare Idee von der Zusammengehörigkeit und *Gleichwertigkeit* gegensätzlicher Prinzipien.

Damit befindet er sich in guter Gesellschaft. 2500 Jahre hat die chinesische Philosophie des Yin und Yang überdauert. Wir im Abendland hingegen neigen zu allein seligmachenden Religionen und Ideologien und zu der Tendenz, Psyche und Körper, Denken und Handeln, Intellekt und Sinnlichkeit, Utopie und Tradition sowie männlich und weiblich fein säuberlich in unvereinbare Gegensätze zu trennen. Piktor denkt zunächst auch so. Nach langen Jahren der Einsamkeit erkennt er aber: Die wahre Erfüllung kommt erst durch den Gegenpol, das Du, durch die Einbeziehung des Partners. Dann funkt's, dann kommt Eros ins Spiel, dann ist die Eindimensionalität überwunden, dann gerät alles in Fluß, dann setzt ein wildes Spiel der Verwandlungen ein.

Ein wunderbares Bild: wenn meine Liebe, wenn unsere Liebe fest verankert ist (starker Baum), dann können wir alles sein, Sonne und Mond, männlich und weiblich, stark und schwach, Mensch und Tier. All dies finden Sie in meinen Bildern. Sie sind Interpretationen dieser Aussage – nicht Illustrationen.
Als Baum des Lebens habe ich – bis auf die Zypresse mit Mark McClain vom Stuttgarter Ballett – den Lebens- und Friedensbaum schlechthin, den Ölbaum genommen. Er verkörpert, wie ich finde, in ganz besonderer Weise unser menschliches Schicksal.
Wer einmal im mediterranen Raum gesehen hat, wie knorrige, jahrhunderte alte Stämme im Herbst radikal abgesägt werden und wie dann im nächsten Frühjahr aus der Seite ein kleines zartes Ästchen als neue Hoffnung austreibt, der weiß, daß nur der Olivenbaum als »Piktor-Baum« gemeint sein kann.

(aus meiner Vernissage-Rede am 3. Juli 1991 in Warmbronn)

Hesse: Piktors Verwandlungen
„Käfer wohnen in seiner Rinde
und in seiner Krone die Vögel."

Piktors
Verwandlungen
H Hesse

ballerina con
cavalletta

H. Hesse
Piktor's Verwandlungen
1. XI 90

Tanz des Lebens

H. Hesse
Piktorian
67

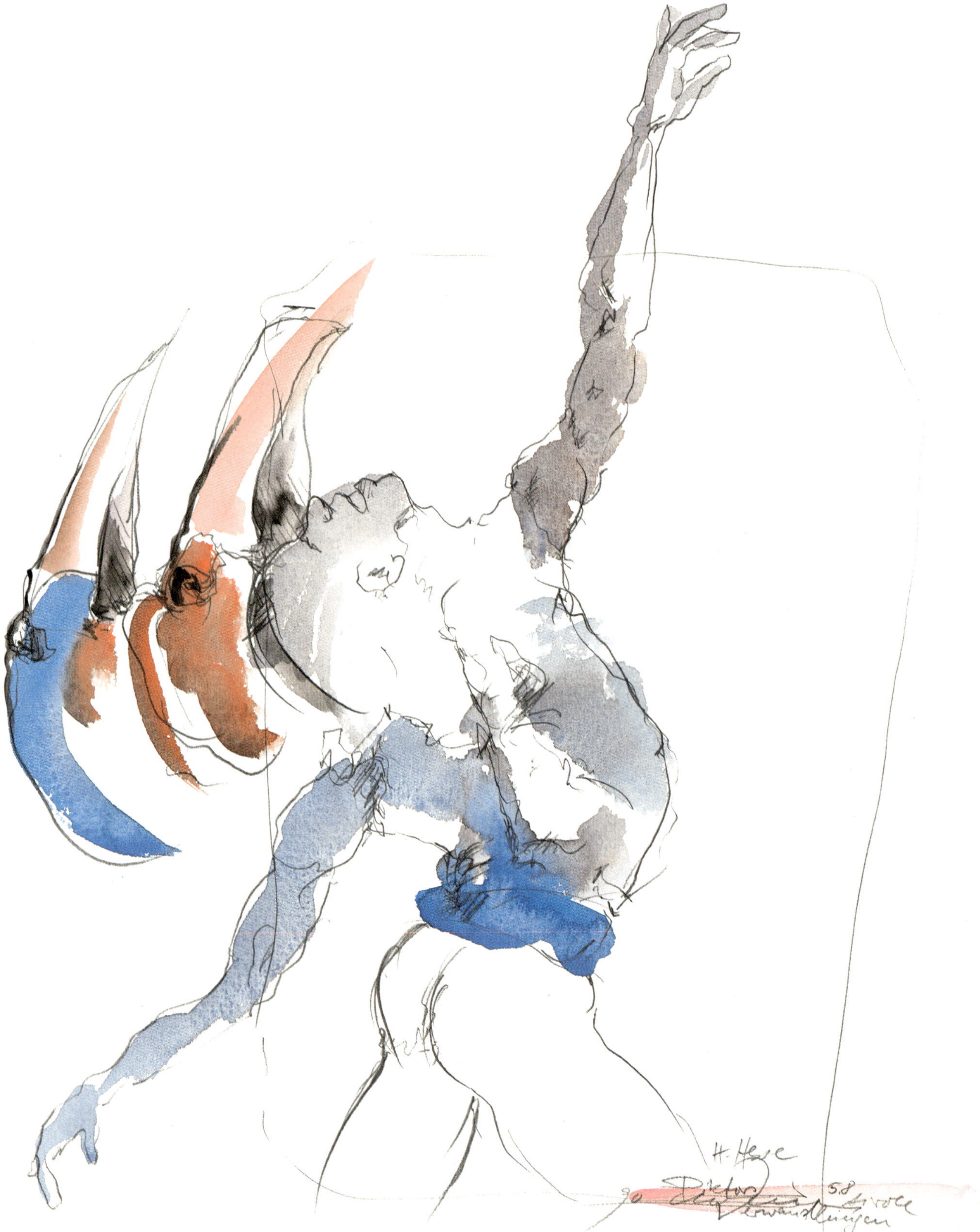

Verwandlungen

Tagebuch

Wie oft gehen wir von letzten Wahrheiten aus,
von Geboten, die sich hierauf gründen,
von Dogmen, die einen Sachverhalt
»ein für allemal« regeln.

Wie anders der weise Laotse vor 2500 Jahren:
Gedanken, die sich ändern, sind wahr.
Die Windsbraut wütet nicht den ganzen Tag,
das Wetter tobt nicht den ganzen Tag.

Wer bringt sie hervor? Das Weltenall!
Das Weltenall selbst ist in Umbildung:

Um
wieviel
mehr
der
Mensch

!

ballo della vita
01/10/92

Tanz des Lebens
Verstand oder Herz?

Tagebuch
geburtstag
15.7.79

Wieso Verstand
oder Herz?
Wer sagt denn, daß
der Mensch zur Ein-
dimensionalität
geboren sei.
Die Ratio steht
zwar heute absolut
im Vordergrund, ohne
Gefühl wird unser
Leben aber hart und
kalt.
das ist auch Realität,
ist auch wichtig!!!
Die Tänzer in meinen
Zeichnungen erinnern
daran, daß wir beides
besitzen: Herz und
Verstand.
Die Tänzer stehen
als Symbol für
Funktionen, die eigentlich Sache eines jeden
Menschen wären, die aber im täglichen Existenz-
kampf häufig erstickt werden:
Sensibilität, die Erregbarkeit der Seele,
die Fähigkeit zu glühen,
sich hinzugeben
und in der Welt der Gefühle
das Unerhörte und Übernormale
zu erleben.

Toscana Blätter & Ballett

Ballo toscano

!!!!!

Tagebuch
1.11.89

Ich sitze in der fattoria Bacchetona
bei Volterra

Eine Woche lang bin ich zwischen Florenz und Siena gependelt – im Kopf das Wissen um den langen Kampf dieser beiden Städte gegeneinander.
Heute sind sie beide Paradiesäpfel, die man aussaugen, an denen man sich berauschen möchte. Mein Skizzenblock füllt sich!

Nachts am Kamin nehme ich mir die großen Zeichnungen aus dem Stuttgarter-Ballettsaal vor, die ich „zufällig" mitgenommen habe, und ein wundervoller Prozeß beginnt: ich zeichne die Eindrücke des Tages in die Ballettszenen. So werden Roland Vogel und die toscanische Landschaft eins.
Tanzfragmente vereinen sich mit den Domen von Siena und Firenze – zwei Kulturkreise verschmelzen.
Paradiesapfel und aufgeblühte Artischocke verströmen ihre sinnliche Symbolik.

Michelangelo
Duomo
ballo italiano

89
Jahrhunderte alte
Firenze – Siena
Paradiesapfel
2.11.
Siena

P. Beda:
„Die Mitte, das Zentrum“
alles Leben kommt aus dem Hara
montecatini Val Cecina
Toscana
il 1.11.

ballo della
Vita

Tanz des Lebens

ballo veneziano

Piktors

Stufen

Wie jede Blüte welkt und jede Jugend
Dem Alter weicht, blüht jede Lebensstufe,
Blüht jede Weisheit auch und jede Tugend
Zu ihrer Zeit und darf nicht ewig dauern.
Es muß das Herz bei jedem Lebensrufe
Bereit zum Abschied sein und Neubeginne,
Um sich in Tapferkeit und ohne Trauern
In andre, neue Bindungen zu geben.
Und jedem Anfang wohnt ein Zauber inne,
Der uns beschützt und der uns hilft, zu leben.

Wir sollen heiter Raum um Raum durchschreiten,
An keinem wie an einer Heimat hängen,
Der Weltgeist will nicht fesseln uns und engen,
Er will uns Stuf' um Stufe heben, weiten.
Kaum sind wir heimisch einem Lebenskreise
Und traulich eingewohnt, so droht Erschlaffen;
Nur wer bereit zu Aufbruch ist und Reise,
Mag lähmender Gewöhnung sich entraffen.

Es wird vielleicht auch noch die Todesstunde
Uns neuen Räumen jung entgegen senden,
Des Lebens Ruf an uns wird niemals enden ...
Wohlan denn, Herz, nimm Abschied und gesunde!

Hermann Hesse

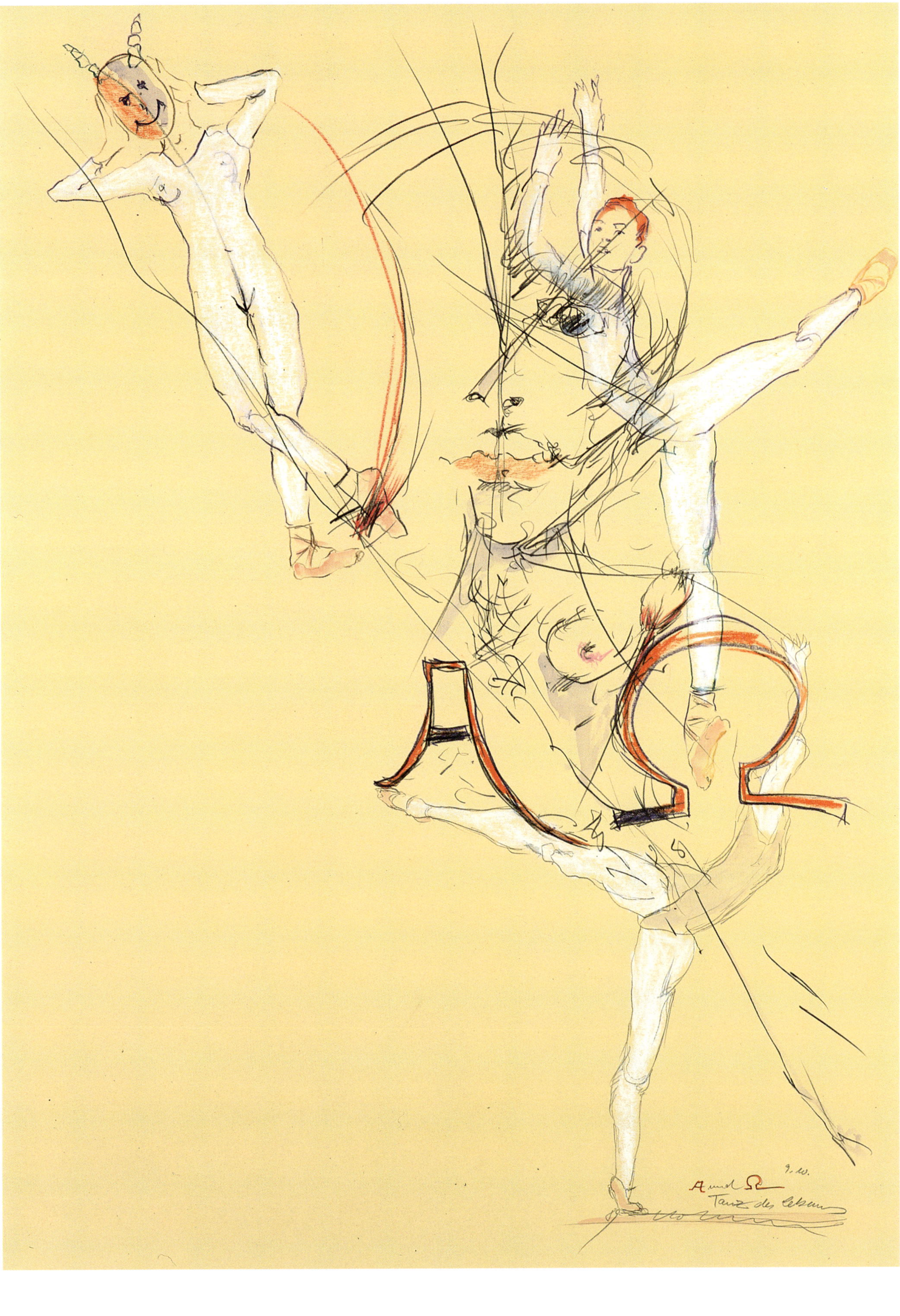
9. 10.
A und Ω
Tanz des Lebens

In den Olivenhainen

Tagebuch 16.6.82

Ich zeichne die knorrigen Ölbäume um und herum und kann mich nicht sattsehen an den dunkelgrün moosigen Stämmen, die umschwirrt sind von Schwärmen fliegender Fische, in die sich die im Wind flimmernden Blätter verwandeln, wenn man ins Träumen gerät.

Ich sehe die vielen Löcher, Verwundungen, Verwachsungen, Risse und Schrunden.

Ich sehe die Zeichen radikaler Amputationen und ahne die unbändige Lebenskraft dieser Bäume, die immer wieder einen neuen zarten Sproß aus altem Holz treiben.

So entstehen charaktervolle Individualisten, die nichts gemein haben mit Spalierobstbäumen oder unseren majestätischen Schwarzwaldtannen, die dafür aber Ruhe, Geborgenheit und Beständigkeit ausstrahlen – und dies seit biblischen Zeiten.

Seit die Taube mit einem Olivenzweig zur Arche Noah zurückkehrte, sind Ölbäume auch ein Zeichen der Hoffnung.

Zu diesen Gedanken paßt ein Gedicht fragment in Anlehnung an H. Hesse, das mir gerade in den Sinn kommt:

Wie haben sie dich, Baum, verschnitten,
Wie stehst du fremd und sonderbar!
Wie hast du hundertmal gelitten,
Bis nichts in dir als Trotz und Wille war!

Ich bin wie du,
Mit dem verschnittnen Leben
Brech' ich nicht
Und tauche täglich
Aus durchlittnen Roheiten
Neu die Stirn ins Licht.

Geduldig neue Blätter treib' ich
Und allem Weh zum Trotze bleib' ich
Verliebt
in die
verrückte
Welt.

H. Hesse: Piktors Verwandlungen
"In kühnem Bogen fliegt der Vogel an den beiden vorbei und lacht".

Tagebuchblätter

Airole 9/6/87

Ich habe es mir im Olivenhain
hinter der Casa gemütlich gemacht,
zeichne das Symbol des Lebens
und meditiere.

Da fallen mir Gedanken von Koschatzky ein, die ich vor Wochen gelesen habe. Er hat von der Tatsache gesprochen, daß dem Menschen das Erstaunliche imponiert und daß die Verwechslung von Kunststück und Kunstwerk unausrottbar im Denken Vieler verankert zu sein scheint. Bei so einem Denken wird die Zeichnung natürlich leicht unterschätzt, eben weil das Zeichnen so rasch, so spontan erfolgen kann, so flugs herstellbar scheint. Mein Gott – wie oft bin ich schon gefragt worden: „Wie lange brauchen Sie für so eine Zeichnung?"

Bei meinen Radierungen oder Ölgemälden hat das noch keiner gefragt. Klar, da sieht man die Arbeit!

Wenn mich heute abend wieder einer fragen sollte, „Wie lange ich für die Ölbaumzeichnung gebraucht habe", würde ich antworten: „45 Jahre!" Und das ist noch nicht mal gelogen, denn in jeder Zeichnung steckt mein ganzes Leben (Il pittore pinge se stesso).

Frei-Räume

Inseln der Ruhe im Tanzgespinst der Linien und Flächen

Tagebuch

Nach Phasen, in denen ich fast ausschliesslich Bleistiftskizzen zeichne, um den schnell vorübereilenden Augenblick festzuhalten, schleicht sich immer wieder neu die Farbe in meine Arbeiten. Zunächst als weiße Kreidehöhung auf Chamois-Papier, dann als eigenständige Farbfläche in mediterranen Blautönen, gefolgt von Grün und Rosa. Dieser farbliche Dreiklang schafft sich Platz und steht plötzlich in einem interessanten Spannungsverhältnis zur grauschwarzen graphitlinie. Die scheinbar unvereinbaren Gegensätze von Linie und Fläche, von Schwarzweiß und Farbe, von Malerei und Zeichnung sind aufgehoben, ja sie bilden gemeinsam ein neues ganzes, das mehr ist als seine Einzelteile.

Hinzu kommen als gleichberechtigte Bildteile die leeren Stellen. Sie lassen den nötigen Freiraum zum Weiterdenken oder Weiterspinnen – ganz wie man will.

Im meditativen Sinne verkörpern die weißen Flecke das Nichtsein, das Ursprüngliche, welches vom Geschaffenen, vom Gestalteten durchdrungen oder umschlossen wird und dadurch eine höhere Qualität erhält.

Lao Tse →

Laotse

»Dreißig Speichen treffen die Nabe,
aber das Leere zwischen ihnen
macht das Rad brauchbar;

aus Ton entstehen Töpfe,
aber das Leere in ihnen
macht die Töpfe nutzbar;

Mauern mit Fenstern und Türen
bilden das Haus,
aber das Leere in ihnen
wird zum Wesen des Hauses.«

2500 Jahre ist dieser Text alt und hat in der
Kunst bis auf den heutigen Tag Aktualität behalten,
sei es bei Cézanne, bei Janssen, bei Galli oder Beuys.
Ganz offensichtlich bildet sich in der Aussparung
des Stofflichen die höhere Qualität des Geistigen –
und so spiegeln sich in einem guten
Blatt nicht nur Ruhe und Bewegung,
Aktion und Kontemplation
sondern auch das ewige
Wechselspiel
von
Geist und Materie:

Tanz des Lebens.

Tanz des
10/8

Tanz des

Liebeslied

Ich wollt', ich wär eine Blume,
Du kämest still gegangen,
Nähmst mich zum Eigentume
In deine Hand gefangen.

Auch wär ich gern ein roter Wein
Und flösse süß durch deinen Mund
Und ganz und gar in dich hinein
Und machte dich und mich gesund.

Hermann Hesse

Der Panther
Im Jardin des Plantes, Paris

Sein Blick ist vom Vorübergehn der Stäbe
so müd geworden, daß er nichts mehr hält.
Ihm ist, als ob es tausend Stäbe gäbe
und hinter tausend Stäben keine Welt.

Der weiche Gang geschmeidig starker Schritte,
der sich im allerkleinsten Kreise dreht,
ist wie ein Tanz von Kraft um eine Mitte,
in der betäubt ein großer Wille steht.

Nur manchmal schiebt der Vorhang der Pupille
sich lautlos auf –. Dann geht ein Bild hinein,
geht durch der Glieder angespannte Stille –
und hört im Herzen auf zu sein.

Rainer Maria Rilke

Soeben hat ‚Es' gemalt

Die Gedichte von Fried, Hesse und Rilke und die Texte aus meinem Tagebuch zeigen den geistig-seelischen Horizont auf, vor dem die Bilder entstanden sind. Dabei beschränkt sich der »Tanz des Lebens« nicht auf das, was man gemeinhin unter Tanz oder Ballett versteht. Alex Ursuliak, Ballettmeister der Stuttgarter Compagnie, beschrieb dies sehr schön, als wir nach einem besonders lockeren Training in einer Ecke des Ballettsaals noch ein kleines Schwätzchen hielten: »Die ganze Welt ist Tanz, das wogende Kornfeld ebenso wie eine U-Bahn-Station in Tokio mit ihrer großartigen Choreographie. Tausende strömen auf einige wenige Punkte zu, Konzentration, Verdichtung, der Zug fährt ab, Leere. Doch sofort beginnt die Szenerie von neuem: Tanz des pulsierenden Großstadtlebens!«

So ist unser gesamtes menschliches Leben ein Tanz, der sich je nach Situation und Stimmung als Liebes-, Freuden-, Narren- oder Totentanz zeigt. Um all diese Erscheinungsformen festhalten und künstlerisch interpretieren zu können, muß ich natürlich das Handwerkliche beherrschen. Dies ist aber nur eine Voraussetzung. Viel wichtiger sind (so meinte ich jedenfalls lange Zeit) ein klares Bewußtsein und ein wacher Geist, der Auge und Hand koordiniert. Mein Lehrer, Hannes Loos: »Auge, Hand und Geist sind beim Zeichnen gleichberechtigt«.

TUTT
Hrdlicka
wir waren heute bei der Ausstellung
Azione scenica Intolleranza

Heute weiß ich, daß es noch eine Dimension weitergeht. Um an das Wesen eines Menschen heranzukommen, um die Frage nach der letzten Wirklichkeit interpretieren zu können, reichen Auge, Nervenbahnen und Verstand nicht aus. Dazu muß die Hand, die den Pinsel oder den Zeichenstift führt, direkt ans Unterbewußtsein angeschlossen werden. Zufällig und ganz einfach ist dies bei den moonlight paintings gelungen. Das klappt aber so spontan nur ganz selten. In der Regel gelingt es mir nur nach längerem Verweilen in tiefer Konzentration oder Meditation, das Bewußtsein dem Unterbewußtsein harmonisch anzugleichen. Dabei darf ich nichts wollen, sondern muß abwarten und zulassen, »ich lasse es sich entwickeln«.

Im Laufe der Jahre habe ich festgestellt, daß meine Bilder um so klarer und freier, ja einfach besser werden, je mehr es mir gelingt, meinen Willen außer acht zu lassen. Das mußte ich erst einmal verdauen: Mein Grips, auf den ich so stolz bin, zählt im kreativen Prozeß nichts, ja schlimmer noch, er ist nur hinderlich! Was eigentlich zeichnet und malt, ist dieses undefinierbare »Es«, das Unbewußte, das Große.

Eugen Herrigel hat dieses Phänomen vor 70 Jahren bereits in seinem wunderbaren Buch »Zen in der Kunst des Bogenschießens« beschrieben:
»Da, eines Tages, nach einem Schuß, verbeugte sich der Meister tief und brach dann den Unterricht ab. »Soeben hat »Es« geschossen,« rief er aus, als ich ihn fassungslos anstarrte. Und als ich endlich begriffen hatte, was er meinte, konnte ich die jäh aufbrechende Freude darüber nicht unterdrücken.«

Genauso fühle ich mich nach einem gelungenen Blatt. Soeben hat »Es« gemalt.

(aus meinem Tagebuch)

fühle, nicht
Tanz des
Seele
Leben
90

Medea

Tagebuch 22/1/90

Auch das gehört zum Tanz des Lebens:
Die hemmungs- und grenzenlose Liebe einer Frau, die in ebenso grenzenlose Rache umschlägt, als sie verstoßen wird.

Walter Jens hat uns im Sprechlichen die Aktualität der Antike vor Ohren geführt, John Neumeier tut es ebenso packend für Auge und Ohr mit seiner Medea-Kreation für das Stuttgarter Ballett (Horst Koegler: "... eine der ambitioniertesten Ballettunternehmungen unserer Tage").

Medea ein wirklich wahnsinniges Weib, Zauberin, Hexe, Verführerin, Schwester, Liebende, Mutter, Rivalin und Kriminelle, großartig verkörpert von Marcia Haydée. Sie bildet als erfahrene, reife Frau, die mit den dunklen Mächten in Verbindung steht, einen faszinierenden Kontrast zur jugendlichen Rivalin Gigi Hyatt, die eine erfrischende und natürliche Naivität ausstrahlt.

Wolfgang Stollwitzer als Jason und Benito Marcelino als Medeas Bruder Apsyrtos sind kongeniale Partner: der zwischen den beiden Frauen hin und her gerissene Wolfgang und der dunkle, geheimnisvolle Benito in seiner dämonischen, nicht nur brüderlichen Liebe zur Schwester.

Ich habe die vier in den letzten Wochen bei Training, Probe und Aufführung verfolgt und einen ganzen Zyklus von Skizzen und Zeichnungen zusammengebracht: vom Ritual über die Schicksalssekunde, da sich Medeas und Jasons Blicke treffen, über den Augenblick der Verzückung und des Verrats von Kreusa und Jason bis zum Brudermord an Apsyrtos. Da stockt einem der Atem!

Das Ritual
Marcia

medea
Jason

Medea

Medea
Ballett von
John Neumeier
Stuttgarter Ballett

Jason
Medea
Wolfgang
Kraft
Kreusa
Gigi Hyatt

Benito

Im Tanz des Lebens
zur Ruhe kommen

Dieses zentrale Thema von H. Hesse in Piktors Verwandlungen gilt auch für die Kommunität »Fraternità di Padre Eligio mondo X«. 35 junge Leute leben hier als Selbstversorger inmitten grüner umbrischer Hügel unterhalb des Monte Amiata. Der hohe Bergkegel läuft aus in Wälder von Kastanien, Buchen und Eichen, öffnet sich ab und zu für dichte Pflanzungen, lichte Olivenhaine und lange Reihen von Weinstöcken.

Heute lacht die Sonne, und die Straße unter meinen Füßen ist ganz mit einem Gespinst aus Sonnen- und Schattenflecken überzogen. Eidechsen huschen, Falter taumeln wie trunken in der Luft, da ragen vor mir die schlanken Silhouetten der tiefgrünen Zypressen auf, welche die fraternità umstehen. In der Ferne flimmert die Erde von allerfeinstem Ocker (terra di Siena) und tiefem Braun (terra di Umbria). Über der Erde breitet sich das Licht in violetten Schwingungen aus und verstärkt das Gefühl von unendlicher Weite.

Beim Eintritt durch die hohe Pforte weicht dieses Gefühl der Weite einer wohligen Geborgenheit – ein Ort des Traums, begrenzt von einem herrlichen Kreuzgang um den in der Mitte aufragenden Brunnen.

Zwei Steinmetze arbeiten an einer Abendmahlszene, wir kommen ins Gespräch. Ihre Vorbilder finden sie in romanischen Kirchen der Lombardei.

Meditieren, wandern – Ruhe!

Nach wenigen Tagen zeichne ich wieder einmal ein Stilleben (das ist bei mir selten). Eine Fruchtschale voller Symbole des Lebens:

La fratria di Padre Eligio a Cortona

die stachelige Kastanie mit dem wohlschmeckenden Innern,
die unten im Garten gepflückten Orangen voller Saft,
die knackigen schorfigen Äpfel – unkultiviert und herrlich erfrischend
und die rote Birne, prall, erotisch, einfach zum reinbeißen – und malen!

Welch herrlicher Tanz des Lebens, der mich innerhalb eines Monats mit meinem Zeichenstift und dem Aquarellkasten von der Theke der Samoa Kneipe auf Sylt hierher nach Umbrien in eine fröhliche Gruppe junger Ex-Drogenabhängiger gebracht hat. Mondo X, Modell für eine heile Gesellschaft?
Vielleicht haben die jungen Menschen hier auch einfach nur Glück gehabt, Glück im Sinne von Hieronymus Bosch, der mit seinem Bild „Der Heuwagen" illustriert, was ich meine. Man sieht oben auf dem Wagen ein glückliches Liebespaar. Und dann gibt es eine Unzahl von Leuten, von Kobolden und Mensch-Tier-Gestalten, die nicht oben sind.
Das muß ich jetzt zeichnen!
Unzählige Menschen bemühen sich, vollbringen große Leistungen, und trotzdem kommen sie nicht auf den Heuwagen hinauf.

Heute habe ich fast den ganzen Tag gezeichnet. Jetzt am Nachmittag sitze ich am Eingang der kleinen Kapelle und meditiere. Es regnet, ich denke an zuhause, an Barbara:

"Sommerregen warm:
Wenn ein schwerer Tropfen fällt,
bebt das ganze Blatt.
So bebt jedes Mal mein Herz,
wenn dein Name auf es fällt".

E. Fried

Ich denke aber auch an Katharina, die mit ihren 11 Jahren noch das ganze Leben vor sich hat. Wie wird ihre Zukunft und unsere Zukunft aussehen? Wie können wir die großen ökologischen Probleme und die Orientierungslosigkeit unserer Zeit meistern?
Franz von Assisi hat in einem fast 800 Jahre alten Text die Lösung aufgezeigt:

» geschwisterlicher Umgang mit der Natur und all ihren Geschöpfen".

Ich habe heute den Entschluß gefaßt, mir einen jahrelang gehegten Wunsch zu erfüllen: ich werde mich in den nächsten Tagen an die Übersetzung des Sonnengesangs wagen. Hier ist der richtige Ort, jetzt ist die richtige Stunde!

Danach fuhr ich
nach
einer
kleinen
Mittagspause
zum
Lago di Trasimeno,
dann
nach
Perugia und sofort
weiter
(welch ein Verkehr)
nach
Assisi!

Hier fehlen mir die
Worte,
es
ist
unbeschreiblich!

Il cantico di frate Sole

Laudato si, mi Signore, cum tucte le Tue creature,
spetialmente messor lo frate sole,
lo qual' è iorno et allumini noi per lui,
et ellu è bellu e radiante cum grande splendore:
de Te, altissimo, porta significatione.

Laudato si, mi Signore, per sora luna e le stelle,
in celu l'ai formate clarite e pretiose e belle.

Laudato si, mi Signore, per frate vento e per aere,
e nubilo e sereno et onne tempo, per lo quale
a le Tue creature dai sustentamento.

Laudato si, mi Signore, per sor aqua,
la quale è multo utile et humile
e pretiosa e casta.

Laudato si, mi Signore, per frate focu,
per lo quale ennallumini la nocte,
et ello è bello e iocundo e robustoso e forte.

Laudato si, mi Signore, per sora nostra
matre terra, la quale ne sustenta e governa
e produce diversi fructi con coloriti flori et herba.

Laudato si, mi Signore, per quelli ke perdonano
per lo Tuo amore e sostengono infirmitate
e tribulatione. Beati quelli ke'l sosterrano
in pace, ka da Te, altissimo, sirano incoronati.

Porellos Sonnengesang

Gepriesen seist Du durch all Deine Geschöpfe,
besonders durch Bruder Sonnenstrahl,
der uns mit seiner glänzenden
Schönheit den Tag erhellt –
ein Gleichnis auf Dich, höchster Herr.

Gepriesen seist Du, Herr, durch Schwester
Mondsichel und die Sterne
Du hast sie am Himmel gebildet,
hell, kostbar und schön.

Gepriesen seist Du, Herr, durch Bruder Wind,
die Wolken, die Luft und jedes Wetter,
durch welches Du Deinen Geschöpfen
das Leben erhälst.

Gepriesen seist Du, Herr, durch Schwester Quelle=
Wasser, wie nützlich es ist,
demütig, kostbar und rein.

Gepriesen seist Du, Herr, durch Bruder Feuer,
sein Schein erhellt die Nacht,
Er ist schön und freundlich warm,
doch mächtig auch und stark.

Gepriesen seist Du, Herr, durch Schwester Erde,
die uns mütterlich erhält und trägt.
Mannigfache Frucht bringt sie hervor
gepaart mit bunten Blumen und Kräutern.

Gepriesen seist Du, Herr, durch alle Menschen,
welche um Deiner Liebe willen verzeihen
und Leid und Frust ertragen.
Selig sind auch die Friedliebenden,
denn Du, Höchster, wirst sie königlich belohnen.

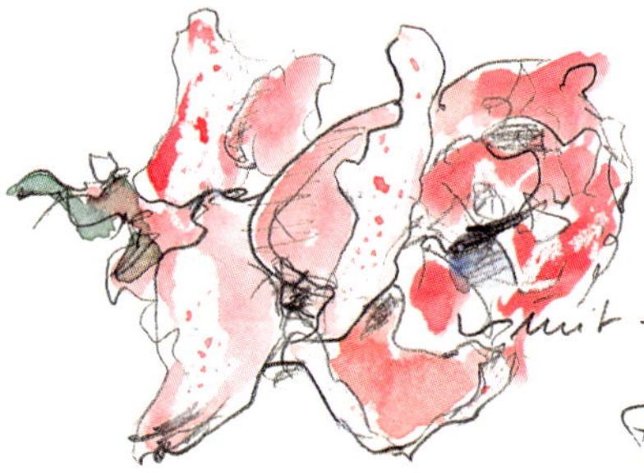

Heute 15/10/92
ist ein großer Tag
und
ist
grade von Luciano
mit einem ungeheuer guten Vino gekrönt
worden
PINERO Ca del Bosco (Lombardia)
4000 Flaschen wurden 1987 abgefüllt, meine ist die 0628.
Dazu gibt es Reis mit Steinpilzsauce und über und über mit tartuffo bianco bedeckt. Als Vorspeise hatte ich eine in Olivenöl geschmorte Steinpilzkappe.

— Und das alles als Krönung eines wirklich großartigen Tages. Begonnen hat alles mit einer ½ stündigen Meditation in der alten Kapelle, die San Francesco 1212 als erste Kapelle außerhalb Assisis gegründet hat. Danach habe ich bei strahlendem Sonnenschein eine herrliche Wanderung hinauf zur Comunità von Mondo X gemacht. [illegible] 500 Jahre alte Kastanien [illegible] eine lustige Gruppe von 23 Personen [illegible] eine Sau mit 12 Ferkeln [illegible] die Landwirtschaft für Mondo X betreiben »Montarioso« [illegible] »Belvedere«
Seit meiner [illegible] abends bekomme ich [illegible] immer den kleinen [illegible], damit Sie – falls Sie zeichnen wollen – ungestört sind, Rosensaal!

Als Zwischengang ein Champagner-Sorbet
dann
Taube – eingebacken in Blätterteig
Vanillehörnchen mit heißer Schokolade
Delizie del Convento

1985
CHIANTI CLASSICO
RISERVA
POGGIO A'FRATI

Nichts ist mir zu klein und ich lieb es trotzdem
und mal es auf Goldgrund und groß,
und halte es hoch, und ich weiß nicht wem
löst es die Seele los …

Rainer Maria Rilke

Manchmal

Manchmal wenn ein Vogel ruft
Oder ein Wind geht in den Zweigen
Oder ein Hund bellt im fernsten Gehöft.
Dann muß ich lange lauschen und schweigen.

Meine Seele flieht zurück
Bis wo vor tausend vergessenen Jahren
Der Vogel und der wehende Wind
Mir ähnlich und meine Brüder waren.

Meine Seele wird ein Baum
Und ein Tier und ein Wolkenweben.
Verwandelt und fremd kehrt sie zurück
Und fragt mich ... Wie soll ich Antwort geben?

Hermann Hesse

Die Samoa-Blätter

Tagebuch oder Gedanken während einer Zugfahrt von Sylt nach Stuttgart

Ich bin gut gelaunt, sehr gut sogar, habe ich doch in meinem Rucksack einen kleinen Skizzenblock mit gelungenen Zeichnungen, den Samoa-Blättern, wie ich sie gestern beim Einpacken spontan taufte. Samoa-Blätter, weil sie alle im "Samoa" an der Theke der kleinen Kneipe entstanden sind.

Gutes Gefühl, gute Zeichenblätter, gute Laune! Am FKK-Strand sah ich eine Woche lang schöne und häßliche Gestalten. Meine guten Zeichnungen liebe ich, die schlechten zerreiße ich – oh weh! Sollte ich nicht auch die schwächeren Blätter aufheben? Im Skizzenbuch leben sie doch bereits ein paar Tage friedlich nebeneinander. Bedeutet ein Herausnehmen nicht verfälschen, entstellen? Beim Fernsehen muß offensichtlich immer alles perfekt sein, jeder Fehler wird nach Möglichkeit herausgeschnitten, deshalb gibt es auch so viel sterilen Mist. Ähnliches im Sport: nur die Nummer 1 zählt, der Zweite gilt schon als Verlierer.

Mein lieber Giovanni! Wozu doch so eine Zugfahrt und ein leeres Abteil gut sind.

Habe ich nicht selbst die Maßstäbe von TV und Sport übernommen und sie sogar noch auf die Kunst übertragen?
Jawohl, zeigte ich doch Nachbarn am Papiercontainer die kalte Schulter, wenn sie mich baten, die aussortierten Bilder doch lieber zu verschenken als zu zerreißen.
»Nichts da“ war mein Standardspruch » der größte Feind des Künstlers sind seine schwachen Werke“.
Ist in der Kunst eine Aussortierung innerhalb des Œuvre, nicht eigentlich überhaupt unsinnig?
Jede Bewertung zerreißt unweigerlich den Gesamtzusammenhang und zerstört die ursprüngliche Einheit. Alle Arbeiten einer Periode gehören zusammen, machen Zusammenhänge deutlich, dokumentieren Empfindungen und Zustände.
Warum soll ich nicht meine guten und schlechten Tage und die daraus resultierenden guten und schlechten Arbeiten in ihrer Verschiedenheit annehmen? Für mich sind doch beide wertvoll, vielleicht hätte ich das gelungene Blatt ohne das vorhergegangene schwache gar nicht zeichnen können.

Wie sagt Salomon:

» Alles hat seine Zeit
und
jedes Ding
seine
Stunde «

Sylt
Samoa

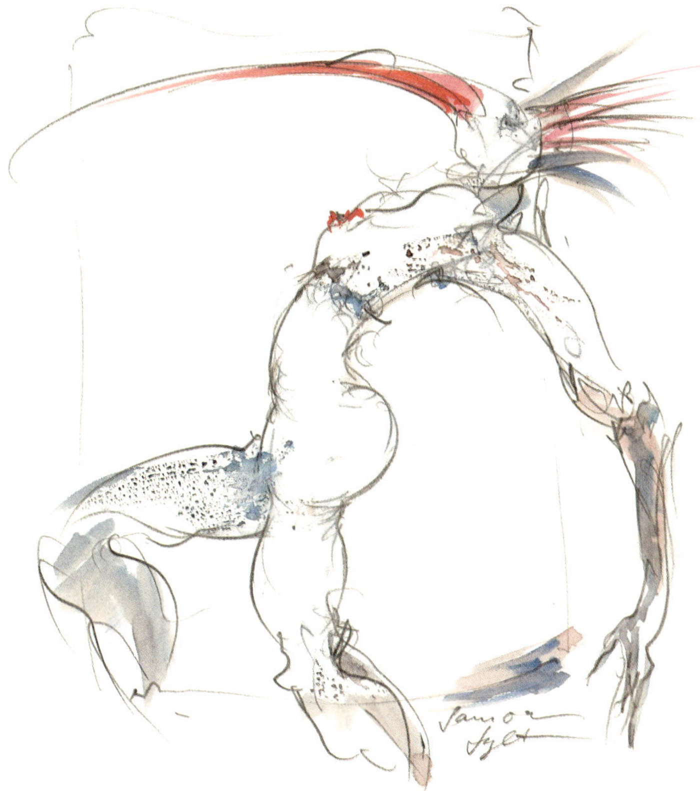
Samoa
Sylt

ballo della
vita

ballo dei fiori

totentänze

CARPE DIEM

ballo della vita

Tagebuchblätter

13.10.89

Berlin

gebannt folgte ich vorhin
dem Geschehen auf der Bühne.
Am Ende des Stückes saß ich wie
versteinert in meinem Sessel –
unfähig zu applaudieren.
Wann hat jemals ein anderes
Ballett so schonungslos
politische und moralische
Zustände seziert und
dem Zuschauer vor Augen
geführt?

15.4.92
Karwoche
92

Der Totentanz des 20. Jahrhunderts

Wer den „Grünen Tisch", diesen Totentanz teuflischer Selbstzerstörung erlebt, ist aufs tiefste betroffen.
Das Werk entstand vor dem Hintergrund des Zusammenbruchs der Weimarer Republik und der Weltwirtschaftskrise. Drohend zeichnete sich die Machtergreifung ab, Politik wurde zur Farce, das Menetekel der Katastrophe sichtbar. Ein Tanzstück also geboren aus seiner Zeit, kritisch, anklagend, warnend; zugleich aber auch ein Stück, dessen aufrüttelnder Mahnruf nicht an eine einmalige politische Situation gebunden bleibt.
Nach mittelalterlichem Vorbild entworfen, ist dieser Totentanz des 20. Jahrhunderts eingerahmt in Szenen eifrig taktierender Herren am Grünen Tisch, die das grauenvolle Elend der Welt nicht wenden wollen.
Die diplomatischen Künste, die sie in ihren endlosen Konferenzen ausspielen, sind eine bloße Farce, ein einziger Hohn auf Vernunft und Menschlichkeit. In ihren Masken, den Phantasiefräcken, weißen Handschuhen und Gamaschen spotten diese politischen Akteure jedem Friedenswillen.
Nach seiner Uraufführung durch die Essener Folkwang Tanzbühne 1932 im Pariser Théâtre Champs-Elysées konnte das Stück in Deutschland nur kurze Zeit gezeigt werden. Der Inhalt des Werkes widersprach dem neuen Geist, der über unser Land gekommen war. Jooss emigrierte mit seinen Tänzern ins englische Dartington Hall und unternahm von dort aus zahllose Tourneen in fast alle europäischen Länder und nach Amerika. Immer blieb „Der Grüne Tisch" das erregende Hauptwerk des Programms — wie für mich heute abend hier in Berlin.

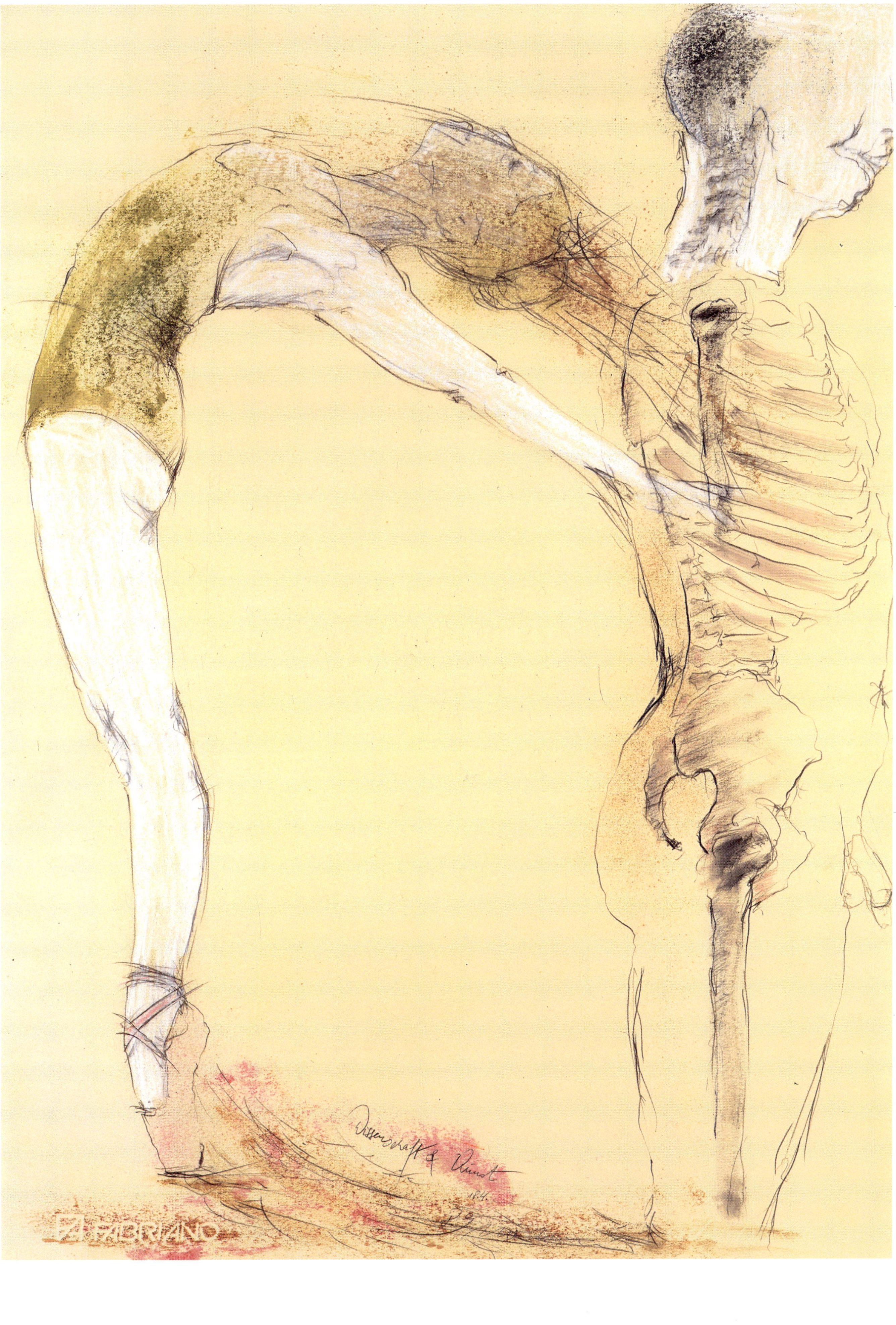
Wissenschaft & Kunst
FABRIANO

Requiem-totentanz

ewiger Kreislauf des Lebens

Tagebuch 20/3/ 1993

Das Stuttgarter Ballett, was für eine Compagnie! Im Sommer 92 das witzige und begeisternde Musical ON YOUR TOES in dem wir uns köstlich amüsierten, dann am 2.12.92 Romeo und Julia als Jubiläums-gala mit einem hinreißenden Traumpaar Richard und Marcia und Egon als wunderbarer Mercutio, dann Jahresbeginn mit ENAS, Birgit Keil/Richard Cragun und dann das heute abend: Requiem in der Choreographie von Kenneth MacMillan. Er schuf das Fauré-Requiem zum gedenken an seinen Freund und Kollegen John Cranko. Heute sind beide tot, aber ihre Werke leben und wie: die jungen Kräfte der Compagnie haben das 1976 uraufgeführte Ballett so eindrucksvoll getanzt, daß man im Saal eine Nadel fallen hören konnte. Ich mußte die ganze Zeit an meine Blätter zum Thema „Totentänze" denken. Auch hier der ewige Kreislauf des Lebens, aus dem Tod wächst neues Leben, einer fällt, der nächste steigt auf, der Tanz geht weiter, selbst beim Pas de deux schleicht sich Freund Hein als Dritter hinzu. Es ist Mitternacht, morgen geht das Leben weiter:

Carpe diem!

„Tanz des Lebens"

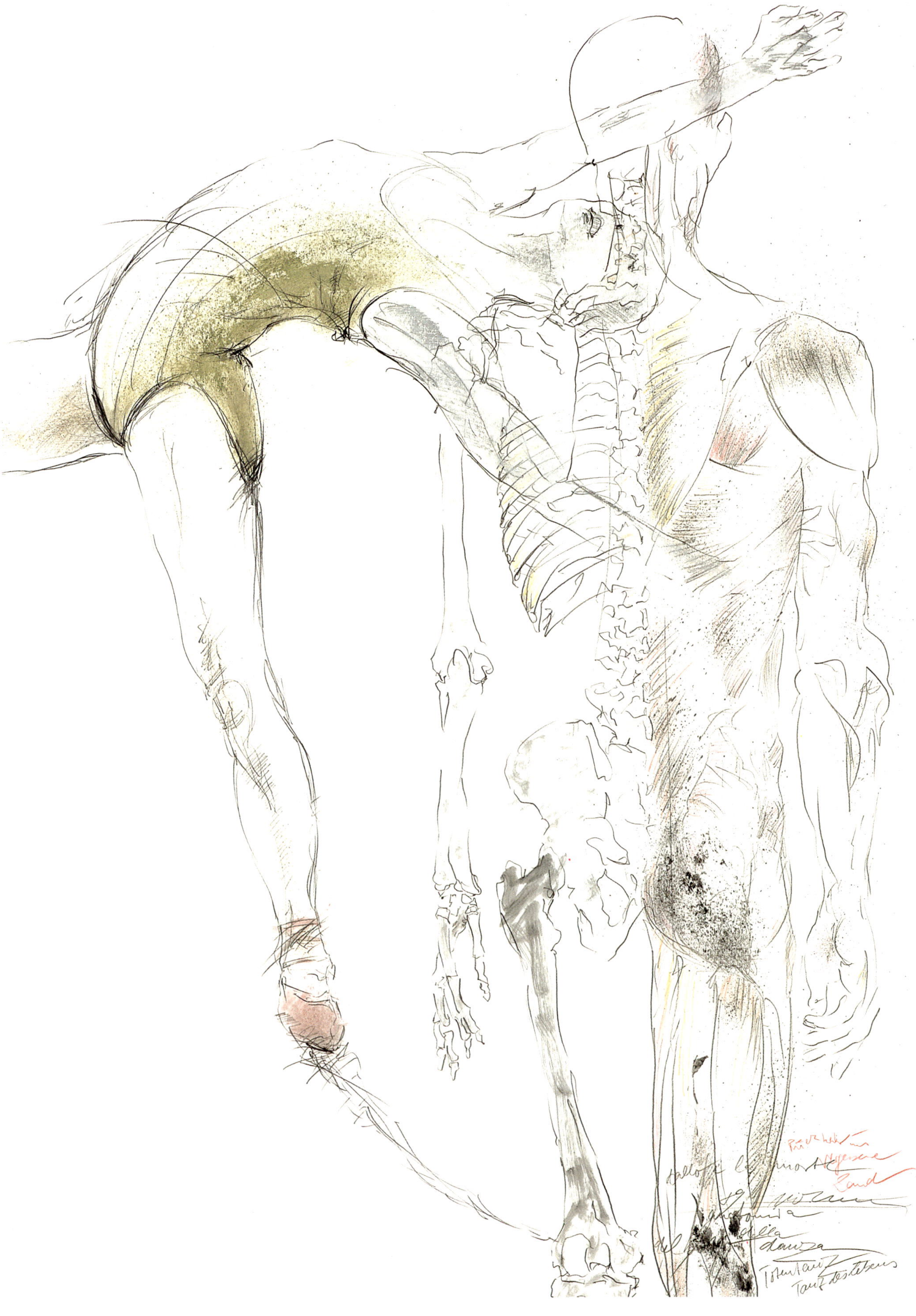
danza
Totentanz

Hommage a

... doch
der
Tanz
geht
weiter

Toten-Tanz

Sie brauchen kein Tanz-Orchester;
sie hören in sich ein Geheule
als wären sie Eulennester.
Ihr Ängsten näßt wie eine Beule,
und der Vorgeruch ihrer Fäule
ist noch ihr bester Geruch.

Sie fassen den Tänzer fester,
den rippenbetreßten Tänzer,
den Galan, den ächten Ergänzer
zu einem ganzen Paar.
Und er lockert der Ordensschwester
über dem Haar das Tuch;
sie tanzen ja unter Gleichen.
Und er zieht der wachslichtbleichen
leise die Lesezeichen
aus ihrem Stunden-Buch.

Bald wird ihnen allen zu heiß,
sie sind zu reich gekleidet;
beißender Schweiß verleidet
ihnen Stirne und Steiß
und Schauben und Hauben und Steine;
sie wünschen, sie wären nackt
wie ein Kind, ein Verrückter und Eine:
die tanzen noch immer im Takt.

Rainer Maria Rilke

12
diabolischer
Totentanz

19/9
Eros / Tod & Teufel
1992

San
Francesco
l'uomo
di
Assisi

San Francesco di Assisi

AΩ
ballo della vita
fine

Frage während der Verwandlung

Wenn du Alles geworden bist
der Wind und die Katze
und das Feuer
und die große Figur der Nacht
wie höre ich dann noch den Wind
wehen durch meine Knochen
und die Katze in meinen Augen
von innen her
kratzen?

Wie kann ich Alles geworden sein
wenn doch du
Alles bist?
Wie kann ich das sein
was du bist
Weil ich du geworden bin
sind wir beide der Wind und die Katze
und das Feuer
und die große Figur der Nacht

Erich Fried, Zeitfragen und Überlegungen

Eros, Tod &
Teufel

Was war das?

Ohne dich sein
ganz ohne dich
und langsam
zu vergessen beginnen
und ganz vergessen
wie es mit dir war
ganz mit dir
und dann halb
halb mit und halb ohne
und ganz zuletzt
ganz ohne

Ganz ohne was?
Was war denn das:
»Mit dir sein?«
Was war das: »Du
du du du du
du und ich?«
Das waren wir
und dieses Wir
was war das?

Die letzten Menschen
reden vielleicht davon
wie es war
als es Gras gab und Tiere
mit denen man lebte
Und dann wird einer fragen:
»Was waren das:
Tiere?«

Wird etwas
übrigbleiben
von mir
und fragen:
»Was war das:
Du?«

Erich Fried, Liebesgedichte

Giovanni Kohm

beginnt seine künstlerische Karriere 1960 als Gitarrist in Düsseldorf, wird dort vom Bandleader der Skiffle- und Jazzband »The cellar cats« engagiert und geht nach dem Abitur am humanistischen Gymnasium auf Tourneen durch Europa, Nordafrika und den Vorderen Orient. Bereits in dieser Zeit arbeitet er bei dem Baerler Bildhauer Ernst Frank und bei dem Duisburger Restaurator Gregor Klein. Er nimmt Zeichenunterricht bei W. Feldberg und W. Wiacker, »forum« Duisburg, und besucht die Aquarell- und Radierklasse des Düsseldorfer Malers Hannes Loos.
Malerei und Musik begeistern Giovanni Kohm gleichermaßen. 1965 wird er Rhythmus-Gitarrist in der »Old Milan New Orleans Jazzband« unter Professor Nando Conte, Mailand. Er merkt dann aber doch recht bald, daß die Bildende Kunst sein größeres Talent ist.
Im selben Jahr gründet er ein Atelier an der Riviera dei fiori und arbeitet dort im Kreise amerikanischer, finnischer und italienischer Künstler. Als Pendler zwischen zwei Kulturkreisen schließt er seine Ausbildung durch den Besuch der Radierklasse Prof. Rolf Sackenheim, Staatl. Kunstakademie Düsseldorf, ab.
Dann folgen Studienaufenthalte und Malreisen nach Sylt, Nordafrika, Mykonos, Kreta, in die Provence und immer wieder zu uns nach Italien. Bei zahlreichen Einzel- und Gruppenausstellungen fanden seine Werke unter anderem in Baden-Baden, Bremen, Castel-Vittorio, Düsseldorf, Heidelberg, Marburg, Nizza, Paris, Rom, Stuttgart und auf Sylt Beachtung.
Von 1978 an wird er einem größeren Publikum mehrfach im Feuilleton internationaler Zeitschriften vorgestellt. 1981 zeigt er seinen Radierzyklus »San Francesco d'Assisi« im Baden-Württembergischen Landespavillon. 1983 zeichnet Giovanni Kohm das Plakat zur Wiedereröffnung der restaurierten gotischen Stadtkirche von Weil der Stadt. 1984 erhält er den 3. internationalen Serono Kunstpreis, verbunden mit einem Aufenthalt in Paris. 1988 folgt eine große Ausstellung im historischen Rathaus des Pariser Marais. Hier werden zum ersten Male Bilder zum Thema »Tanz des Lebens« gezeigt, die in Zusammenarbeit mit der renommierten Choreologin und Ballettpädagogin Gisela Ronecker entstanden sind.
Die Zusammenarbeit mit berühmten Ballettcompagnien und -fachleuten wie Thorsten Kreissig, Direktor des Luzerner Balletts oder Teresa Rotemberg, Movers Zürich, inspiriert ihn in den folgenden Jahren zu einmaligen Skizzen und Zeichnungen, die den Tanz des Lebens in seiner ganzen existentiellen Breite vor Augen führen.

Mauro Lorenzini, Florenz

Quellenverzeichnis

Hermann Hesse
Die Gedichte
Suhrkamp Verlag
Frankfurt am Main 1977

Rainer Maria Rilke
Werke in drei Bänden
Insel Verlag
Frankfurt am Main 1966

Erich Fried
Liebesgedichte
Verlag Klaus Wagenbach
Berlin 1979

Erich Fried
Zeitfragen und Überlegungen
Verlag Klaus Wagenbach, Berlin 1984
Lizenzausgabe Carl Hanser Verlag 1968

Grazie